T0097484

pocket posh® *girl*
hangman 2
100 PUZZLES

pocket posh® girl
hangman 2 100 PUZZLES

The Puzzle Society™
puzzlesociety.com

Andrews McMeel
Publishing, LLC
Kansas City · Sydney · London

POCKET POSH® GIRL HANGMAN 2

Andrews McMeel Publishing, LLC
an Andrews McMeel Universal company
1130 Walnut Street, Kansas City, Missouri 64106

www.andrewsmcmeel.com
www.puzzlesociety.com

11 12 13 14 15 IGO 10 9 8 7 6 5 4 3 2 1

ISBN: 978-1-4494-0733-9

Illustration by Team Kitten

ATTENTION: SCHOOLS AND BUSINESSES

Andrews McMeel books are available at quantity discounts with bulk purchase for educational, business, or sales promotional use. For information, please e-mail the Andrews McMeel Publishing Special Sales Department: specialsales@amuniversal.com

how to play

To solve the puzzle, you must fill in the numbered blanks to form the correct word. First, guess a letter and scratch off the corresponding silver circle to reveal your clue. If your guess is correct, the scratched-off area will reveal a number (or numbers) corresponding to the numbered blanks. Write your correctly guessed letter in the appropriately numbered blank(s) and guess again. If your guess is incorrect, the scratched-off area will reveal an ✖ and you must fill in one area of your hangman. Solve the puzzle before your hangman is hanged!

To help you get started, each puzzle features a clue that tells you whether the answer is a person, place, or thing. Good luck!

hangman 1

A B C D E F G H I

J K L M N O P Q

R S T U V W X Y Z

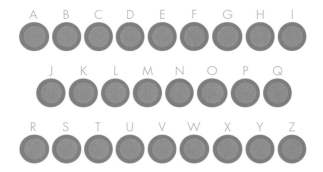

$\overline{}$ $\overline{}$ $\overline{}$ $\overline{}$ $\overline{}$ $\overline{}$ $\overline{}$ $\overline{}$
1 2 3 4 5 6 7 8

HINT: thing

A B C D E F G H I

J K L M N O P Q

R S T U V W X Y Z

___ ___ ___ ___ ___   ___ ___ ___ ___
 1   2   3   4   5   6   7   8   9

HINT: person

2

A B C D E F G H I

J K L M N O P Q

R S T U V W X Y Z

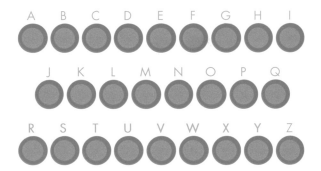

— — — — — — — — —
1 2 3 4 5 6 7 8 9

HINT: thing

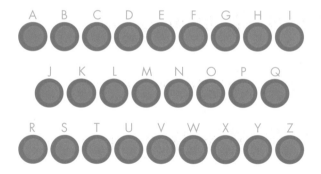

__ __ __ __ __ __
1 2 3 4 5 6

HINT: thing

4

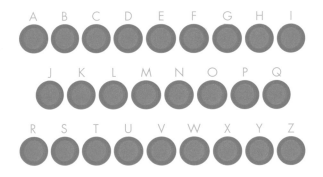

A B C D E F G H I

J K L M N O P Q

R S T U V W X Y Z

‾ ‾ ‾ ‾ ‾ ‾   ‾ ‾ ‾ ‾ ‾
1 2 3 4 5 6   7 8 9 10 11

HINT: person

| A | B | C | D | E | F | G | H | I |

| J | K | L | M | N | O | P | Q |

| R | S | T | U | V | W | X | Y | Z |

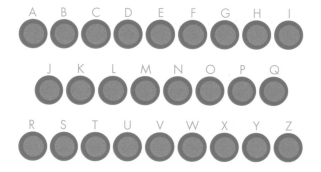

___ ___ ___ ___ ___ ___ ___ ___
 1   2   3   4   5   6   7   8

HINT: thing

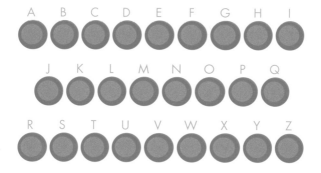

$$\overline{}\ \overline{}\quad\overline{}\ \overline{}\ \overline{}\ \overline{}\ \overline{}\ \overline{}\ \overline{}$$
1 2   3 4 5 6 7 8 9

HINT: person

A B C D E F G H I

J K L M N O P Q

R S T U V W X Y Z

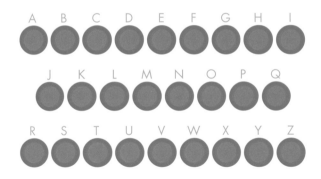

___ ___ ___ ___ ___ ___ ___ ___ ___ ___ ___ ___ ___
1 2 3 4   5 6 7 8 9   10 11 12 13

HINT: person

8

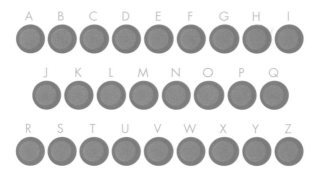

— — — — —   — — — —
1 2 3 4 5   6 7 8 9

HINT: place

A B C D E F G H I

J K L M N O P Q

R S T U V W X Y Z

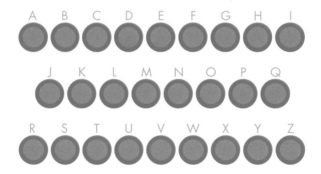

__ __ __ __ __ __ __ __ __ __
1 2 3 4 5 6 7 8 9 10

HINT: thing

10

A B C D E F G H I

J K L M N O P Q

R S T U V W X Y Z

___ ___ ___ ___ ___ ___ ___ ___ ___ ___ ___ ___ ___
1 2 3 4 5 6 7 8 9 10 11 12 13

HINT: person

A B C D E F G H I

J K L M N O P Q

R S T U V W X Y Z

___ ___ ___ ___ ___ ___ ___ ___ ___ ___
1 2 3 4 5 6 7 8 9 10

___ ___ ___ ___ ___ ___
11 12 13 14 15 16

HINT: place

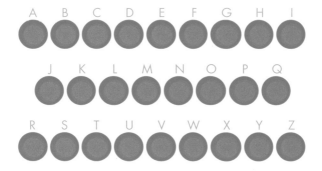

___ ___ ___   ___ ___ ___ ___ ___   ___ ___ ___ ___ ___
1   2   3   4   5   6   7   8   9   10 11 12 13 14 15

HINT: thing

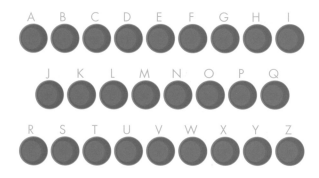

A B C D E F G H I

J K L M N O P Q

R S T U V W X Y Z

___ ___ ___ ___ ___ ___ ___ ___ ___ ___ ___ ___ ___
 1   2   3   4   5   6   7   8   9 10 11 12 13

HINT: thing

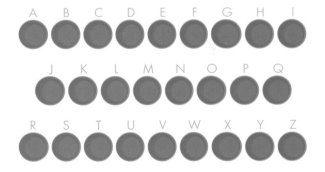

A B C D E F G H I

J K L M N O P Q

R S T U V W X Y Z

— — — — — — — — — —
1 2 3 4 5 6 7 8 9 10

HINT: person

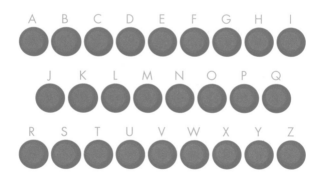

— — — —   — — — — — —
1 2 3 4   5 6 7 8 9 10

HINT: person

16

A B C D E F G H I

J K L M N O P Q

R S T U V W X Y Z

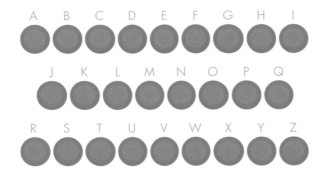

___ ___ ___ ___ ___ ___   ___ ___ ___ ___
1   2   3   4   5   6   7   8   9   10

HINT: thing

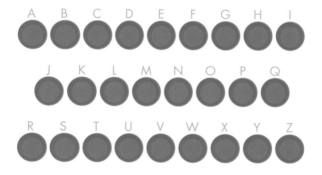

A B C D E F G H I

J K L M N O P Q

R S T U V W X Y Z

— — — — — — — — —
1 2 3 4 5 6 7 8 9

HINT: person

18

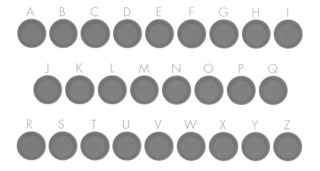

A   B   C   D   E   F   G   H   I

J   K   L   M   N   O   P   Q

R   S   T   U   V   W   X   Y   Z

___ ___ ___ ___ ___ ___ ___ ___ ___ ___ ___ ___ ___ ___
1   2   3   4   5   6   7   8   9   10   11   12   13   14

HINT: person

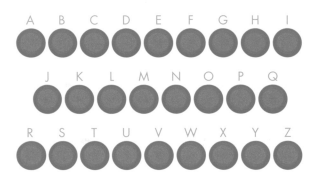

A B C D E F G H I

J K L M N O P Q

R S T U V W X Y Z

___ ___ ___ ___ ___ ___ ___ ___ ___ ___ ___ ___ ___ ___
1 2 3 4 5 6 7 8 9 10 11 12 13 14

HINT: place

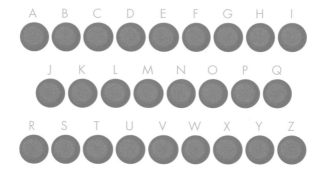

A B C D E F G H I

J K L M N O P Q

R S T U V W X Y Z

___ ___ ___ ___ ___ ___ ___ ___ ___ ___ ___ ___
1 2 3 4 5 6   7 8 9 10 11 12

HINT: thing

A B C D E F G H I

J K L M N O P Q

R S T U V W X Y Z

___ ___ ___ ___ ___ ___ ___ ___ ___ ___ ___ ___ ___ ___
1 2 3 4 5 6 7 8 9 10 11 12 13 14

HINT: person

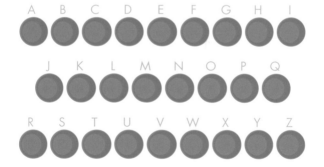

A B C D E F G H I

J K L M N O P Q

R S T U V W X Y Z

— — — — — — — — — — — —
1 2 3 4 5 6 7 8 9 10 11 12

HINT: thing

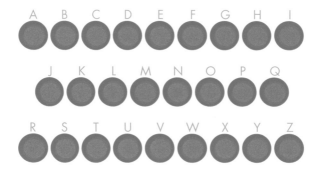

A B C D E F G H I

J K L M N O P Q

R S T U V W X Y Z

___ ___ ___ ___ ___   ___ ___ ___ ___ ___
1 2 3 4 5   6 7 8 9 10

HINT: place

24

A B C D E F G H I

J K L M N O P Q

R S T U V W X Y Z

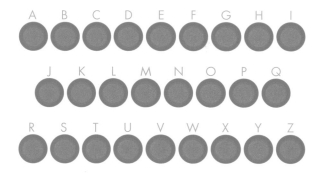

___ ___ ___ ___ ___ ___   ___ ___ ___ ___ ___ ___ ___
 1   2   3   4   5   6   7   8   9 10 11 12 13

HINT: person

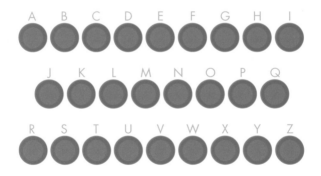

___ ___ ___ ___ ___ ___ ___ ___ ___
1   2   3   4   5   6   7   8   9

HINT: thing

26

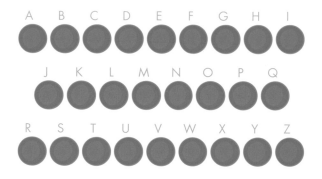

A B C D E F G H I

J K L M N O P Q

R S T U V W X Y Z

___ ___ ___ ___ ___ ___ ___   ___ ___ ___ ___ ___ ___
1   2   3   4   5   6   7   8   9   10 11 12 13

HINT: place

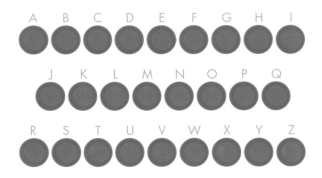

A B C D E F G H I

J K L M N O P Q

R S T U V W X Y Z

___ ___ ___ ___ ___ ___ ___ ___ ___ ___ ___
1 2 3 4 5 6 7 8 9 10 11

HINT: person

28

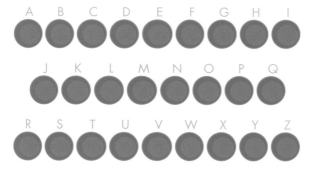

A B C D E F G H I

J K L M N O P Q

R S T U V W X Y Z

—— —— —— —— —— —— —— —— —— —— ——
1 2 3 4 5 6 7 8 9 10 11

HINT: thing

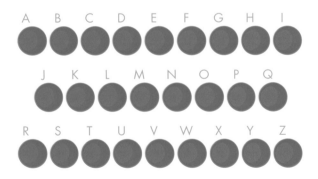

A B C D E F G H I

J K L M N O P Q

R S T U V W X Y Z

___ ___ ___ ___ ___ ___
1   2   3   4   5   6

HINT: thing

30

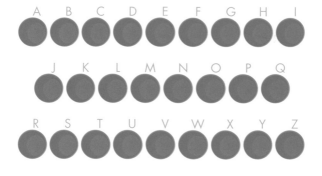

A B C D E F G H I

J K L M N O P Q

R S T U V W X Y Z

—— —— —— —— —— —— —— —— ——
1 2 3 4 5 6 7 8 9

HINT: person

A B C D E F G H I

J K L M N O P Q

R S T U V W X Y Z

___ ___ ___ ___ ___ ___ ___ ___ ___
1 2 3 4 5 6 7 8 9

HINT: place

32

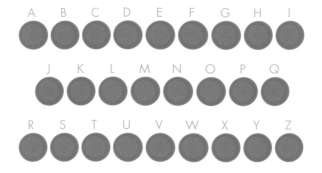

— — — — — — — — —
1 2 3 4 5 6 7 8 9

HINT: person

hangman 34

A B C D E F G H I

J K L M N O P Q

R S T U V W X Y Z

___ ___ ___ ___ ___ ___ ___ ___ ___
1 2 3 4 5 6 7 8 9

HINT: place

34

A B C D E F G H I

J K L M N O P Q

R S T U V W X Y Z

__ __ __ __ __ __ __ __ __ __ __ __ __
1 2 3 4 5 6 7 8 9 10 11 12 13

HINT: person

A B C D E F G H I

J K L M N O P Q

R S T U V W X Y Z

— — — — — — — —
1 2 3 4 5 6 7 8

HINT: place

36

A B C D E F G H I

J K L M N O P Q

R S T U V W X Y Z

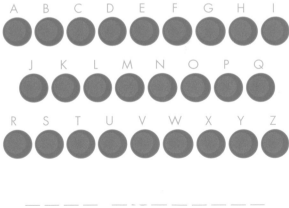

___ ___ ___ ___ ___ ___ ___ ___ ___ ___ ___ ___
1   2   3   4   5   6   7   8   9   10 11 12

HINT: person

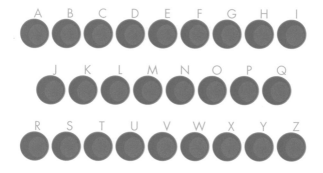

— — — — — — —
1   2   3   4   5   6   7

HINT: thing
38

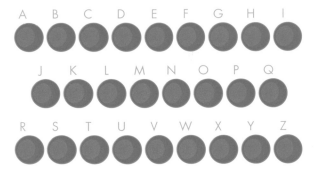

——— ——— ——— ——— ——— ——— ——— ——— ——— ——— ———
 1   2   3   4   5   6   7   8   9   10   11

HINT: place

A B C D E F G H I

J K L M N O P Q

R S T U V W X Y Z

___ ___ ___ ___ ___ ___   ___ ___ ___ ___ ___ ___
1 2 3 4 5 6   7 8 9 10 11 12

HINT: place

40

A B C D E F G H I

J K L M N O P Q

R S T U V W X Y Z

— — — — — — —
1 2 3 4 5 6 7

HINT: person

hangman 42

A B C D E F G H I
J K L M N O P Q
R S T U V W X Y Z

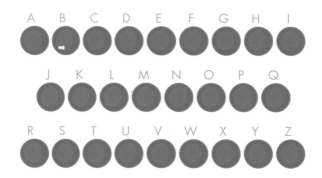

‾ ‾ ‾ ‾ ‾ ‾ ‾ ‾   ‾ ‾ ‾ ‾
1 2 3 4 5 6 7 8   9 10 11 12

HINT: thing

4.2

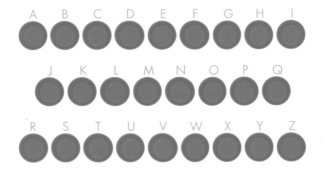

A B C D E F G H I

J K L M N O P Q

R S T U V W X Y Z

— — — — — — —
1 2 3 4 5 6

HINT: thing

A B C D E F G H I

J K L M N O P Q

R S T U V W X Y Z

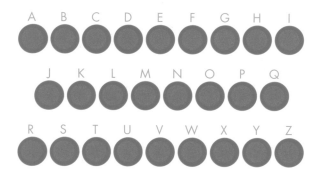

___ ___ ___ ___ ___ ___ ___   ___ ___ ___ ___
 1   2   3   4   5   6   7   8   9 10 11

HINT: place

44

A B C D E F G H I

J K L M N O P Q

R S T U V W X Y Z

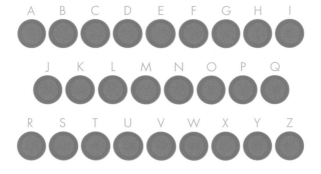

___ ___ ___ ___ ___ ___ ___   ___ ___ ___   ___ ___ ___ ___
1   2   3   4   5   6   7   8   9   10   11 12 13 14

HINT: person

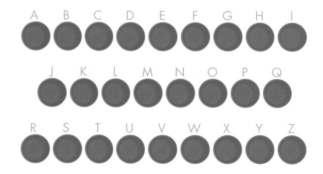

— — — — — —
1 2 3 4 5 6

HINT: thing

46

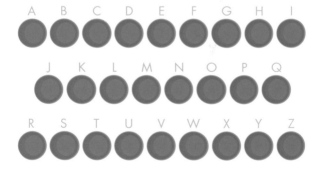

A B C D E F G H I

J K L M N O P Q

R S T U V W X Y Z

___ ___ ___ ___ ___ ___ ___ ___ ___ ___ ___ ___
1 2 3 4 5 6 7 8 9 10 11 12

HINT: person

hangman 48

A B C D E F G H I

J K L M N O P Q

R S T U V W X Y Z

___ ___ ___ ___ ___   ___ ___ ___ ___ ___ ___ ___
1   2   3   4   5   6   7   8   9 10 11 12

HINT: person
48

A B C D E F G H I

J K L M N O P Q

R S T U V W X Y Z

$\frac{}{1}$ $\frac{}{2}$ $\frac{}{3}$ $\frac{}{4}$ $\frac{}{5}$ $\frac{}{6}$ $\frac{}{7}$ $\frac{}{8}$ $\frac{}{9}$ $\frac{}{10}$

HINT: thing

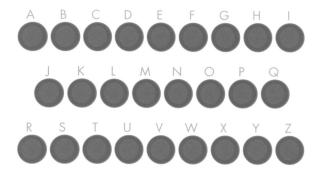

___ ___ ___ ___ ___ ___   ___ ___ ___
1   2   3   4   5   6   7   8   9

HINT: thing

50

A B C D E F G H I

J K L M N O P Q

R S T U V W X Y Z

___ ___ ___ ___ ___ ___ ___ ___ ___ ___
1 2 3 4 5 6 7 8 9 10

HINT: person

A B C D E F G H I

J K L M N O P Q

R S T U V W X Y Z

___ ___ ___ ___ ___   ___ ___ ___ ___   ___ ___ ___ ___   ___ ___ ___
1   2   3   4   5   6   7   8   9   10 11 12 13   14 15 16

HINT: thing

52

A B C D E F G H I

J K L M N O P Q

R S T U V W X Y Z

— — — — — — — — — — — — — —
1 2 3 4 5 6 7 8 9 10 11 12 13 14

HINT: thing

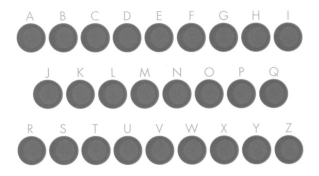

| A | B | C | D | E | F | G | H | I |

| J | K | L | M | N | O | P | Q |

| R | S | T | U | V | W | X | Y | Z |

___ ___ ___ ___ ___ ___ ___ ___ ___ ___ ___ ___
1   2   3   4   5   6   7   8   9   10 11 12

HINT: person

54

A B C D E F G H I

J K L M N O P Q

R S T U V W X Y Z

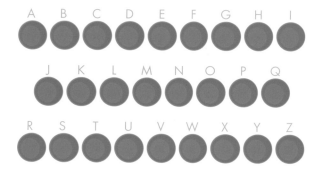

___ ___ ___ ___ ___ ___ ___ ___ ___
1   2   3   4   5   6   7   8   9

HINT: thing

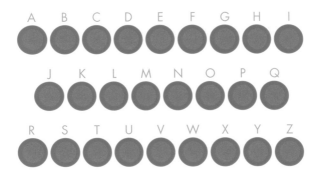

— — — — — — — — — — —
1 2 3 4 5 6 7 8 9 10 11

HINT: person

56

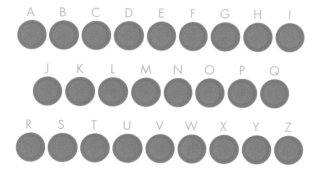

— — — — — — — — — — — — — —
1 2 3 4 5 6   7 8 9 10 11 12 13 14

HINT: place

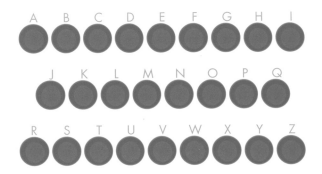

A B C D E F G H I

J K L M N O P Q

R S T U V W X Y Z

___ ___ ___ ___ ___ ___ ___ ___ ___ ___ ___ ___
1 2 3 4 5 6 7 8 9 10 11 12

HINT: thing

58

A B C D E F G H I

J K L M N O P Q

R S T U V W X Y Z

___ ___ ___   ___ ___ ___ ___ ___   ___ ___ ___
1   2   3   4   5   6   7   8   9   10 11

HINT: place

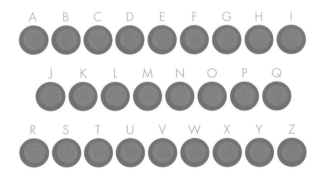

A	B	C	D	E	F	G	H	I
J	K	L	M	N	O	P	Q
R	S	T	U	V	W	X	Y	Z

___ ___ ___ ___ ___   ___ ___ ___ ___ ___ ___ ___
 1   2   3   4   5   6   7   8   9 10 11 12

HINT: person
60

A B C D E F G H I

J K L M N O P Q

R S T U V W X Y Z

— — — — — — — — —
1 2 3 4 5 6 7 8 9

HINT: thing

hangman 62

A B C D E F G H I

J K L M N O P Q

R S T U V W X Y Z

___ ___ ___ ___ ___ ___ ___ ___ ___
1 2 3 4 5 6 7 8 9

___ ___ ___ ___ ___ ___ ___ ___
10 11 12 13 14 15 16 17

HINT: thing

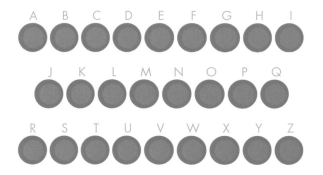

A B C D E F G H I

J K L M N O P Q

R S T U V W X Y Z

___ ___ ___ ___ ___ ___   ___ ___ ___ ___ ___ ___
 1   2   3   4   5   6   7   8   9   10 11 12

HINT: person

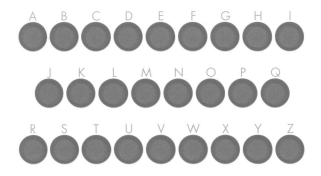

A B C D E F G H I

J K L M N O P Q

R S T U V W X Y Z

___ ___ ___ ___ ___ ___ ___ ___ ___ ___ ___ ___
1   2   3   4   5   6   7   8   9   10 11 12

HINT: thing

64

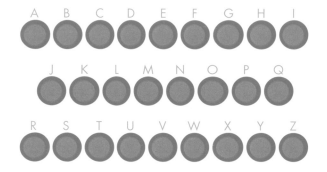

```
A  B  C  D  E  F  G  H  I

J  K  L  M  N  O  P  Q

R  S  T  U  V  W  X  Y  Z
```

___ ___ ___ ___ ___ ___ ___ ___ ___ ___ ___ ___ ___ ___ ___
1 2 3 4 5 6   7 8 9 10 11 12 13 14 15

HINT: person

A B C D E F G H I

J K L M N O P Q

R S T U V W X Y Z

___ ___ ___ ___ ___ ___ ___ ___ ___ ___
1 2 3 4 5 6 7 8 9 10

HINT: *thing*

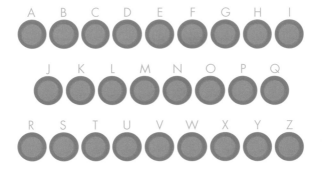

___ ___ ___ ___ ___   ___ ___ ___ ___   ___ ___ ___ ___
1 2 3 4 5   6 7 8 9   10 11 12 13

HINT: person

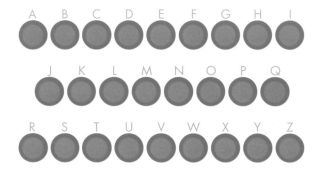

A B C D E F G H I

J K L M N O P Q

R S T U V W X Y Z

___ ___ ___   ___ ___ ___ ___ ___
1 2 3   4 5 6 7 8

HINT: person

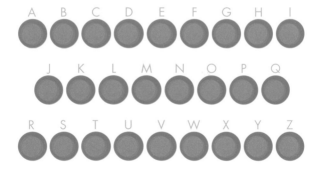

___ ___ ___ ___ ___ ___ ___   ___ ___ ___ ___ ___ ___
 1   2   3   4   5   6   7   8   9 10 11 12 13

HINT: place

A B C D E F G H I

J K L M N O P Q

R S T U V W X Y Z

___ ___ ___ ___ ___ ___   ___ ___ ___ ___ ___ ___
1 2 3 4 5 6   7 8 9 10 11 12

HINT: thing

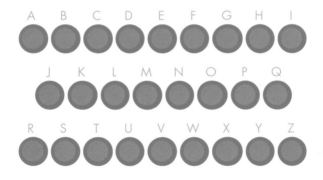

A B C D E F G H I

J K L M N O P Q

R S T U V W X Y Z

___ ___ ___ ___ ___ ___ ___ ___ ___ ___ ___
1 2 3 4 5   6 7 8 9 10 11

HINT: place

hangman 72

A B C D E F G H I

J K L M N O P Q

R S T U V W X Y Z

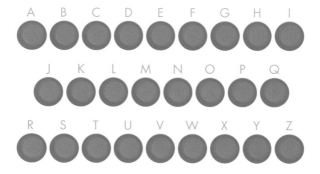

___ ___ ___ ___ ___ ___ ___ ___ ___
 1   2   3   4   5   6   7   8   9

HINT: person

A B C D E F G H I

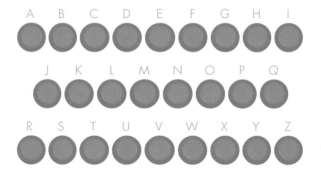

J K L M N O P Q

R S T U V W X Y Z

— — — — —   — — — —
1 2 3 4 5   6 7 8 9

HINT: person

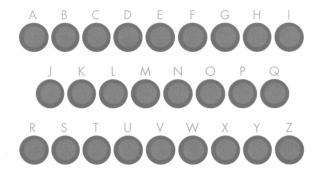

_ _ _ _ _ _ _ _ _
1 2 3 4 5 6 7 8 9

HINT: place
74

A B C D E F G H I

J K L M N O P Q

R S T U V W X Y Z

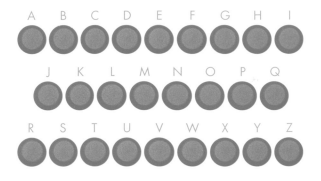

___ ___ ___ ___ ___ ___ ___ ___ ___ ___ ___ ___ ___
 1   2   3   4   5   6   7   8   9 10 11 12 13

HINT: thing

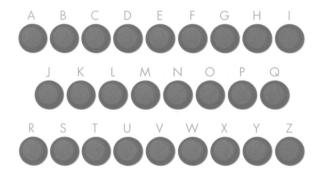

___ ___ ___ ___ ___ ___ ___ ___ ___
 1   2   3   4   5   6   7   8   9

HINT: person

76

A B C D E F G H I

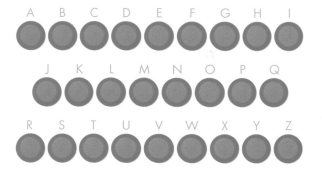

J K L M N O P Q

R S T U V W X Y Z

___ ___ ___ ___ ___ ___ ___ ___ ___ ___ ___ ___ ___ ___ ___
1 2 3 4 5 6 7 8 9 10 11 12 13 14 15

HINT: place

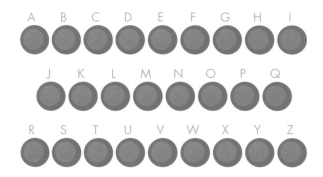

A B C D E F G H I

J K L M N O P Q

R S T U V W X Y Z

__ __ __ __ __ __ __ __ __ __ __
1 2 3 4 5 6 7 8 9 10 11

HINT: thing

78

A B C D E F G H I

J K L M N O P Q

R S T U V W X Y Z

___ ___ ___ ___ ___ ___ ___ ___ ___ ___
1   2   3   4   5   6   7   8   9   10

HINT: person

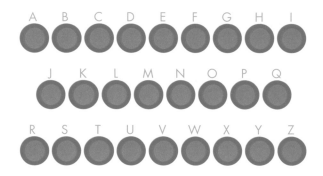

```
___ ___ ___ ___ ___ ___   ___ ___ ___ ___ ___ ___ ___
 1   2   3   4   5   6     7   8   9  10  11  12  13
```

HINT: place

80

A B C D E F G H I

J K L M N O P Q

R S T U V W X Y Z

— — — — — — —   — — — —
1 2 3 4 5 6 7   8 9 10 11

HINT: place

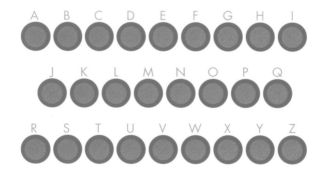

| A | B | C | D | E | F | G | H | I |

| J | K | L | M | N | O | P | Q |

| R | S | T | U | V | W | X | Y | Z |

__ __ __ __ __ __ __ __ __ __ __ __ __ __
1 2 3   4 5 6 7 8   9 10 11 12 13 14

HINT: thing

A B C D E F G H I

J K L M N O P Q

R S T U V W X Y Z

— — — — — — —   — — — —
1 2 3 4 5 6 7   8 9 10 11

HINT: person

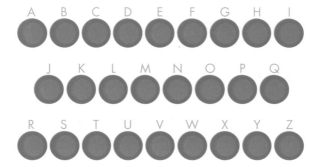

___ ___ ___ ___ ___ ___ ___ ___
1   2   3   4   5   6   7   8

HINT: place

84

A B C D E F G H I

J K L M N O P Q

R S T U V W X Y Z

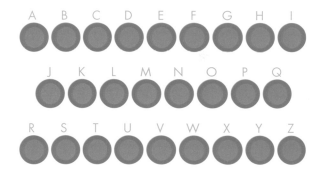

— — — — — — — — — — — — — — —
1 2 3 4 5 6 7 8 9 10 11 12 13 14 15

HINT: place

A B C D E F G H I

J K L M N O P Q

R S T U V W X Y Z

— — — — — — — — — —
1 2 3 4 5 6 7 8 9 10

— — — — — — —
11 12 13 14 15 16 17

HINT: place
86

A B C D E F G H I

J K L M N O P Q

R S T U V W X Y Z

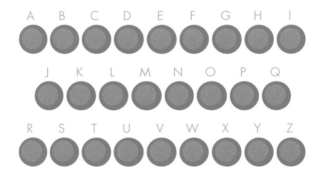

___ ___ ___ ___ ___ ___ ___ ___ ___ ___
1   2   3   4   5   6   7   8   9   10

HINT: thing

A B C D E F G H I

J K L M N O P Q

R S T U V W X Y Z

— — — — — — — — — — — —
1 2 3 4 5 6 7 8 9 10 11 12

— — — —
13 14 15 16

HINT: place

88

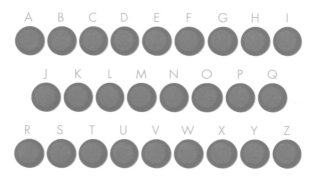

A B C D E F G H I

J K L M N O P Q

R S T U V W X Y Z

__ __ __ __ __ __ __ __
1 2 3 4 5 6 7 8

HINT: thing

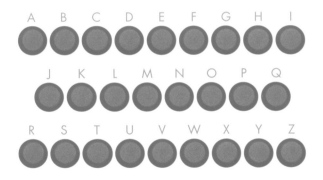

A B C D E F G H I

J K L M N O P Q

R S T U V W X Y Z

___ ___ ___ ___ ___ ___ ___ ___ ___
1   2   3   4   5   6   7   8   9

HINT: place

90

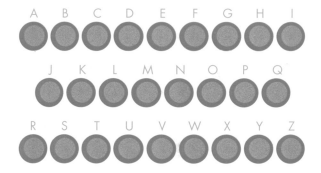

```
__ __ __ __   __ __ __ __ __
1  2  3  4    5  6  7  8  9
```

HINT: thing

A B C D E F G H I

J K L M N O P Q

R S T U V W X Y Z

___ ___ ___ ___   ___ ___ ___ ___ ___ ___
 1   2   3   4   5   6   7   8   9   10

HINT: person

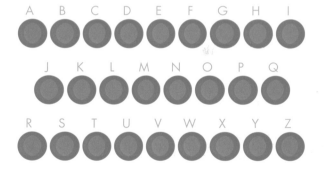

$\overline{}\ \overline{}\ \overline{}\ \overline{}\ \overline{}\quad \overline{}\ \overline{}\ \overline{}\ \overline{}$

1 2 3 4 5   6 7 8 9

$\overline{}\quad \overline{}\ \overline{}\ \overline{}\ \overline{}\ \overline{}\ \overline{}$

10   11 12 13 14 15 16

HINT: thing

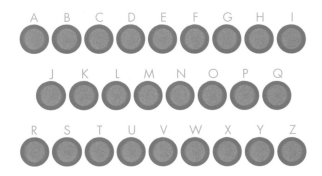

```
__ __ __ __ __   __ __ __ __ __ __
1  2  3  4  5    6  7  8  9  10 11
```

HINT: place

94

A B C D E F G H I

J K L M N O P Q

R S T U V W X Y Z

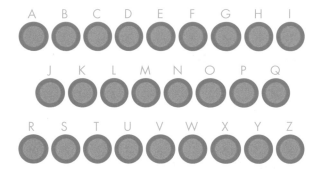

___ ___ ___ ___ ___ ___ ___ ___
 1   2   3   4   5   6   7   8

HINT: thing

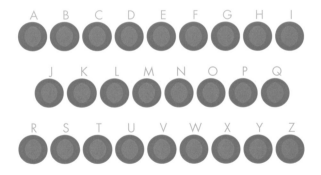

A B C D E F G H I

J K L M N O P Q

R S T U V W X Y Z

—— —— —— —— —— —— —— —— —— ——
1   2   3   4   5   6   7   8   9   10

HINT: thing

96

A B C D E F G H I

J K L M N O P Q

R S T U V W X Y Z

___ ___ ___ ___ ___ ___   ___ ___ ___ ___ ___ ___
 1   2   3   4   5   6   7   8   9 10 11 12

HINT: person

A B C D E F G H I

J K L M N O P Q

R S T U V W X Y Z

___ ___ ___ ___ ___ ___ ___ ___
1   2   3   4   5   6   7   8

HINT: thing

98

A B C D E F G H I

J K L M N O P Q

R S T U V W X Y Z

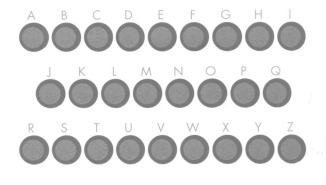

— — — — — — — — — — — — — —
1 2 3 4 5 6 7 8 9 10 11 12 13 14

HINT: person

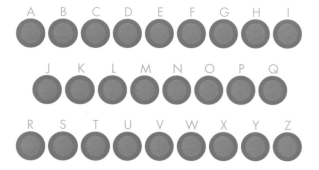

___ ___ ___ ___ ___ ___ ___ ___ ___ ___ ___ ___ ___
1   2   3   4   5   6   7   8   9   10 11 12 13

HINT: thing

100

pocket posh® girl
hangman 2 *girl*

SOLUTIONS

1. hula hoop
2. Carly Shay
3. yoga class
4. zombie
5. secret crush
6. yearbook
7. JK Rowling
8. camp counselor
9. candy shop
10. Victorious
11. celebrity chef
12. rain forest jungle
13. Wii Sports Resort
14. double rainbow
15. Keke Palmer
16. best friend
17. school play
18. prom queen
19. Fred Figglehorn
20. tropical island

21. French braids
22. Serena Williams
23. birthday wish
24. Miami Beach
25. Danica Patrick
26. makeup bag
27. science museum
28. cheerleader
29. baby carrots
30. Google
31. Nick Jonas
32. Nashville
33. Alex Russo
34. state fair
35. Sandra Bullock
36. Hogwarts
37. Ryan Sheckler
38. penguin
39. pizza parlor
40. Disney cruise

41. Charice
42. Breaking Dawn
43. hoodie
44. fashion show
45. Phineas and Ferb
46. iPhone
47. The Mad Hatter
48. piano teacher
49. Silly Bandz
50. hybrid car
51. Jaden Smith
52. honey bear hamster
53. The Hunger Games
54. famous author
55. surfboard
56. Greg Heffley
57. trendy boutique
58. peanut butter
59. San Diego Zoo
60. Avril Lavigne

61. hopscotch
62. blueberry pancakes
63. makeup artist
64. haunted house
65. Carrie Underwood
66. soccer game
67. Black Eyed Peas
68. Zac Efron
69. college campus
70. frozen yogurt
71. Times Square
72. Judy Blume
73. movie star
74. school gym
75. giant lollipop
76. SpongeBob
77. Broadway theater
78. text message
79. Zoe Saldana
80. London, England

81. outdoor mall
82. hot fudge sundae
83. YouTube star
84. aquarium
85. school cafeteria
86. Cheesecake Factory
87. waterslide
88. cheerleading camp
89. glee club
90. ski resort

91. pool party
92. lead singer
93. Sonny with a Chance
94. Grand Canyon
95. backpack
96. sunglasses
97. Edward Cullen
98. pedicure
99. English teacher
100. chocolate milk

COLLECT ALL TITLES IN
THE POCKET POSH® PUZZLE SERIES!